AF268341

CAUSERIE

ENTRE DEUX ÉLECTEURS

PARIS

IMPRIMERIE DE DUBUISSON ET Cᵉ

5, RUE COQ-HÉRON, 5

—

1869

CAUSERIE ENTRE DEUX ÉLECTEURS

Nemours, le 10 mai 1869.

Monsieur le directeur-gérant du NOUVELLISTE DE SEINE-ET-MARNE.

A propos des élections générales, j'ai lu dans votre numéro du 1er mai, avec beaucoup d'intérêt et de satisfaction, un article signé : *d'Haussonville;* c'est tout un enseignement d'actualité, dont chaque lecteur devrait s'inspirer dans ce moment de luttes solennelles ; chacun devrait comprendre, ce qui ressort claire- ment des réflexions qu'il contient, qu'on ne peut servir deux maîtres à la fois, sans compromettre les intérêts de l'un ou de l'autre, surtout quand ces intérêts sont opposés.

Des candidatures officielles, les électeurs doivent en faire justice et manifester hautement, à la face de l'administration, que la sou- veraineté du peuple n'est pas un vain mot et qu'il ne lui suffit que de vouloir pour pouvoir. Quand on considère sérieusement qu'avec la puissance du suffrage universel la nation française subit depuis bien des années tant de... choses, c'est à ne pas y croire ; on pourrait comparer la France à un malade qui lentement s'a- vance vers la tombe quand il tient dans ses mains le remède qui doit lui donner la vie et la santé.

Voici le moment venu pour les électeurs de Seine-et-Marne de secouer un peu leur insomnie, d'ouvrir enfin les yeux et de se présenter fermes et résolus au scrutin, pour envoyer au Corps législatif des hommes indépendants, des *hommes à eux*, dignes et consciencieux, des contrôleurs vigilants, affranchis du rôle d'adulateurs, des défenseurs en un mot des intérêts de la nation au point de vue du maintien de son honneur, du maniement de ses finances et de l'étendue de ses libertés.

J'ai lu également, monsieur le Directeur, mais sous l'empire d'un autre sentiment, la circulaire qui m'a été adressée par le candidat *officiel*, M. le baron de Beauverger. Il avoue qu'il est *candidat du Gouvernement impérial;* il se dit *indépendant et libéral,* comme si le Gouvernement choisissait des candidats dont l'indépendance serait avérée. Pour faire prévaloir sa candidature, le candidat *agréable* expose des principes qui, s'ils étaient formulés pour la première fois, ne manqueraient pas de séduire les électeurs, mais quand nous l'avons vu à l'œuvre, dans les sessions précédentes, il n'est plus permis de se tromper ni de se laisser prendre. D'ailleurs quel est donc le candidat *officiel* qui n'en dise pas autant, et quel est celui qui ait justifié ses promesses par des actes?

C'est à l'occasion de cette circulaire que je vous demande la permission de porter à la connaissance de vos lecteurs le petit colloque suivant, surpris à deux électeurs de campagne :

Jean. — Dis donc, Mathurin, j'ai reçu une lettre de notre député pour son élection de c't'année.

Mathurin. — Ah ! Eh bien, qu'est-ce qui dit, notre député, dans sa lettre ?

Jean.—Parbleu ! c'qui m' dit. Rien à moi, mais à tout le monde ! D'ailleurs c'te lettre, la voici ; tu peux bien la voir : elle n'est pas dans un sac.

Mathurin. — Tu appelles cela une lettre, toi, c'est une profession de foi ; je la connais, je l'ai lue aussi ce matin, et je trouve que c'est toujours la même histoire, beaucoup de promesses et de dévouement. Quand c'est pour arriver, ils ne savent quels moyens employer pour avoir nos voix, et puis après va-t-en voir s'ils viennent...

Jean. — Ah ! mais celui-là c'est différent, c'est pas comme les autres, il est nommé par le gouvernement ; tiens, regarde plutôt, là, en tête, à la quatrième ligne.

Mathurin. — Comment tu en es encore là ! tu ne sais donc pas ce que cela veut dire, *candidat du gouvernement ?*

Jean. — Dame y m'semble que ça veut dire que c'est pour le gouvernement.

Mathurin. — Oui, c'est à peu près ça, c'est-à-dire que c'est le gouvernement qui nous propose de le nommer ; on appelle ça un un candidat *officiel* dans les journaux.

Jean. — Ah ! Eh bien ! qu'est-ce que ça fait, puisque le gouvernement le demande ; nommons-le, ça lui fera plaisir, et nous serons bien vus de M. le sous-préfet, ça fait qu'il fera curer la mare du village.

Mathurin. — Que t'es godiche, mon pauvre Jean ; on voit bien que tu ne sais pas ce que c'est qu'un député, et que tu n'as jamais fait ton éducation politique.

Jean. — Quant à ça, c'est vrai... J'ai voulu un jour lire un journal... c'était le *Siècle*, M. le percepteur des contributions voyant le journal dans mes mains m'dit comme ça : Tiens ! vous lis z le *Siècle* ? Vous avez donc envie de vous brûler la cervelle ?

Mathurin. — Ha ! ha ! ha !... c'est curieux, tu as mal compris, c'est le cerveau bien sûr qu'il t'aura dit, et non la cervelle, c'est-à-dire la partie intelligente de la tête, et cela vois-tu, c'est parce que l'esprit du journal dépassait le sien, et qu'il y a des gens qui n'aiment pas à être dépassés, même dans les plus faibles choses...

Jean. — De sorte que j'ai tout laissé là !...

Mathurin. — Et que tu n'as pas poussé plus loin ton instruction politique. Eh bien ! je vais la compléter, ton instruction politique, et vais te dire ce que c'est qu'un député, puisque tu n'en sais rien, et ce que c'est qu'un candidat *officiel*, et puis après tu verras ce que tu dois penser *de la lettre de notre député* : un député, vois-tu, c'est comme qui dirait un membre du conseil de notre commune :

supposons que notre maire soit l'Empereur, et ses adjoint des ministres.

Jean. — Allons v'là que tu nous dit des bêtises ; tu vas t'y pas comparer le père Patte-de-Laine à l'Empereur et ses adjoints à des ministres !

Mathurin. — Attends donc, tu vas voir ; ce n'est qu'une supposition, et c'est pour arriver à te mieux faire comprendre.

Jean. — Marche ton train, je t'écoute.

Mathurin. — Nous disions donc, toujours par supposition, que notre maire et ses adjoints sont comme qui dirait le gouvernement ; un gouvernement doit avoir des députés ; les députés c'est les conseillers municipaux, alors nous renommons des conseillers municipaux, pour composer le conseil de la commune...

Jean — Jusque-là c'est bien, je commence à comprendre.

Mathurin. — C'est pas dommage..., mais laisse-moi continuer. Il ne suffit pas d'avoir des maires, des adjoints et un conseil municipal, il faut savoir quels sont leurs droits et leurs devoirs : ainsi le conseil municipal, presque toujours sur la proposition du maire, délibère sur une foule de choses qui intéressent la commune : il autorise, dans certain cas, le maire à prendre certaines mesures d'intérêt communal ; il vote les dépenses publiques ; en un mot, il lui appartient de disposer des fonds de la commune, mais pour des emplois déterminés, toujours dans l'intérêt communal ; enfin le conseil municipal veille au maintien des droits de la commune et lui crée, par ses délibérations, des ressources pour faire face à ses besoins, etc., etc. Comprends-tu ?

Jean. — Va toujours ; je commence à voir clair.

Mathurin. — Eh bien ! le Corps législatif n'est autre que le conseil municipal de la France et les députés sont les membres de ce grand conseil.

Jean. — Je me sens tout à fait à l'aise.

Mathurin. — Maintenant que tu commences à comprendre, supposons encore que, pendant les six années que durent les pouvoirs du conseil municipal, le maire, les adjoints et la majorité des membres de ce conseil aient voté des dépenses inutiles et sans

profit pour la commune, et que, pour payer ces dépenses, à défaut
de ressources, on nous impose de nouvelles contributions, sous
forme de patentes ou autrement, que le maire propose encore et
que la majorité du conseil adopte certaines mesures vis-à-vis des
habitants, par exemple, d'interdire les jeux de cartes pendant la
messe... Qu'est-ce que tu penserais d'une pareille administration?

Jean. Ah! mais, un instant; je voudrais savoir pourquoi on aurait voté des dépenses sans profit; je me récrierais contre l'impôt
destiné à les couvrir; je ne payerais pas.

Mathurin. — Tu ne payerais pas, dis-tu? Il faudrait bien que
paye, car on te répondrait : La majorité du conseil l'a décidé,
c'est la loi, il faut obéir. Sinon saisie et vente de tes meubles, avec
accompagnement de gendarmes, dans le cas où tu voudrais faire
le méchant; il faut toujours respecter les majorités et s'incliner
devant la loi.

Jean. — Dans le cas que tu dis-là, si ça arrivait, il faudrait donc
se laisser détruire ?

Mathurin. — Non, il ne faut pas se laisser détruire, et c'est jus-
tement là où je t'attendais.

Jean. — Mais le moyen d'empêcher le retour de ces choses-là ?

Mathurin. — Le moyen d'empêcher ces choses-là de se repro-
duire ? Il est aussi simple que facile; le voici : C'est de changer,
aux élections nouvelles, les anciens membres du conseil qui au-
raient, par leurs votes, participé aux dépenses inutiles, créé l'impôt, ou prêté les mains aux mesures dont on aurait à se plaindre;
de les remplacer par des hommes nouveaux, qui assurent par
leurs capacités, leurs lumières et l'indépendance de leur carac-
tère, les garanties d'une gestion plus éclairée, mieux entendue et
plus conforme aux intérêts de tous; c'est donc à nous, *électeurs*,
qu'il appartient de faire notre choix. Ça n'est qas plus malin que
ça.

Jean. Oui, tu as raison, je comprends maintenant; mais
qu'est-ce que c'est qu'un candidat *officiel* ?

Mathurin. — C'est juste. Je t'ai promis de te le dire et je vais
te satisfaire sur ce point. Nous admettons, n'est-ce pas, que nous

ayons à nommer de nouveaux membres du conseil ; mais notre
mécontement de la gestion de ceux qui sortent, nous fait donner
nos préférences à des hommes que nous croyons aptes à soutenir
nos intérêts communs et à combattre tout ce qui serait de nature
à y porter atteinte ; mais il peut arriver que ce que nous avons
jugé être contraire à nos intérêts soit trouvé très bien par le maire
et les adjoints, et qu'ils aient intérêt à ce que les choses accom-
plies (celles que nous blâmons) se continuent de nouveau comme
par le passé ; pour atteindre ce but, l'administration cherche à
composer elle-même ce conseil ; son choix se porte naturellement
sur ceux qui ont déjà prêté leur appui ou sur ceux qui sont disposés
à le donner quand même, sur toutes les propositions et à voter
selon son bon plaisir. Alors l'administration emploie tous les
moyens en son pouvoir (et elle en a beaucoup) pour assurer l'é-
lection des candidats de son choix ; quand ces candidats sont cer-
tains de l'appui de l'administration, ils nous envoient des profes-
sions de foi à peu près toutes taillées sur le même modèle que
celle-ci ; ils prennent, comme tu vois, tiens, là... ici... le titre de
Candidat du gouvernement, et ceux qui ne doutent de rien ajou-
tent qu'ils sont *indépendants*. Voilà, mon cher, ce que c'est qu'un
candidat *officiel*. En d'autres termes, l'administration dit aux électeurs : Envoyez au Corps législatif les hommes que je vous dési-
gne ; votez pour eux, les autres ne peuvent me convenir.

Crois-tu qu'il n'y a pas un peu de hardiesse et quelque chose
de blessant pour ceux qui se croient libres, dans ce langage impé-
ratif ?... Enfin, puisque nous sommes dans les suppositions, ré-
duisons-les à la plus simple : admets pour un instant que nous
ayons à discuter ensemble une question d'intérêt ou que j'aie à te
présenter un compte, et que je te dise : *un tel* est mon ami, c'est
un homme qui a toujours fait et agi selon mes désirs, il s'est cons-
tamment courbé devant toutes mes volontés ; c'est lui que tu dois
choisir pour vider notre différend ; consentirais-tu volontairement
à le prendre ?

Jean. — Ah ! mais j'ai bien le droit de dire : Je n'en veux pas !

Mathurin. — Certainement, quetu as ce droit-là, et ton vote a, dans la balance, autant de poids que celui d'un millionnaire ou d'un garde champêtre.

Maintenant que tu sais ce que c'est qu'un conseil municipal, ce que c'est qu'un député et ce que c'est qu'un candidat officiel, souviens-toi de trois choses :

Premièrement. — Que le Corps législatif est à la France ce que le conseil municipal est à la commune.

Deuxièmement. — Que les députés sont au Corps législatif ce que les conseillers municipaux sont au conseil de la commune.

Troisièmement. — Et que les candidats officiels sont les députés choisis par le Gouvernement pour composer le Corps législatif.

Jean. — Tiens... tiens... tiens... mais c'est plus sérieux que je ne pensais. Eh bien! je te remercie, mon vieux camarade ; sans toi, j'aurais été voter comme d'ordinaire ou peut-être pas du tout ; mais aujourd'hui, c'est bien différent : j'irai voter, mais pas pour l'*officiel*.

Mathurin. — Et ni moi non plus!

Je souhaite, monsieur le directeur, qu'au moment du vote, il se trouve beaucoup de *Jean convertis.*

Je vous prie d'agréer l'assurance de ma parfaite considération.

BOURRAT.

Nemours, le 29 mai 1869.

Monsieur le directeur-gérant du journal LE NOUVELLISTE DE SEINE-ET-MARNE.

Je vous remercie de l'accueil que vous avez bien voulu faire à ma *lettre-causerie* du 10 mai, en lui ouvrant les colonnes du numéro 15 du même mois; enhardi, monsieur le directeur, par cette bienveillante réception, je viens emprunter la publicité du *Nouvelliste* pour exprimer mes sentiments de reconnaissance aux nombreux amis qui ont bien voulu, à cette occasion, me donner un témoignage de leurs sympathies et m'encourager dans la voie de mes protestations énergiques à l'endroit des candidatures *officielles*, qui doivent disparaître des comices électoraux et laisser aux électeurs leur indépendance et leur liberté dans l'accomplissement de leurs devoirs de citoyens.

J'ai promis de donner des nouvelles de *Jean* et de *Mathurin*. Je viens remplir mon engagement, car le hasard m'a procuré l'avantage de les rencontrer trois jours après les élections, déjà un peu animés par la discussion.

Jean. — J'te dis qu'si.

Mathurin. — J'te dis qu'non.

Jean. — C'est impossible. Tu ne me feras jamais comprendre que huit font plus que douze, que diable !

Mathurin. — Je vais te prouver que j'ai raison.

Jean. — Voyons ça ?

Mathurin. — Tu me disais tout à l heure que le candidat officiel, M. le baron de Beauverger, l'avait emporté sur ses concurrents à la députation, et qu'il avait obtenu dans notre circonscription 12,000 voix, tandis que MM. de Choiseul, de Ségur et Fontaine n'avaient (le plus haut) réuni que 8,000 suffrages ; mais, ce que tu ne comptes pas, ce sont toutes les voix réunies pour l'opsition, qui forment un total de 18,000. Est-ce clair ?

Jean. — Oui, mais c'est pour eux trois, tandis que l'autre, c'est pour lui tout seul.

Mathurin. — Tu as raison, mais il n'en est pas moins vrai, comme je le soutiens, que le candidat officiel a été battu et que la majorité des voix acquises à la démocratie, à l'opposition si tu veux, est supérieure de 6,000 à celles données au condidat officiel : donc, j'avais raison. Que, conséquemment, M. le baron de Beauverger n'a pas la sympathie des électeurs. *Tous ceux qui ne sont pas avec lui sont contre lui.*

Jean. — C'est égal, que jusqu'à présent, c'est lui qu' a plus de chance d'être élu.

Mathurin. — Oui, si les électeurs le veulent bien. Comme je te e disais l'autre jonr, nous sommes les maîtres de nos voix ; per-

sonne n'a le droit de nous impo er une autre volonté que la nôtre.
Qui veut la fin, veut les moyens.

Jean. — Comment faire alors?

Mathurin. — Ce qu'il y a à faire est simple comme le mot:
C'est que les électeurs qui ont voté pour MM. de Ségur et Fontaine,
votent tous, au second tour de scrutin, pour M. de Choiseul, qui a
eu le plus grand nombre de voix. De cette façon, 18,000 suffrages
sont assurés au candidat de l'opposition, tandis que M. de Beauverger. restera toujours avec ses 1,2000 ; plutôt moins que plus.

Jean — Mais, savoir si y consentiront.

Mathurin. — Ah alors, c'est qu'il protégeront la candidature
officielle et qu'ils n'auront fait de l'opposition que pour rire, car
enfin, je le répète, qui veut la fin, veut le moyen. Il s'agit là
d'une question de principe, il faut faire bon marché des questions
personnelles, et de préférence les principes avans tout.

Jean. — Mais M. de Ségur ni l'autre ne seront pas contents.

Mathurin. — Au contraire, ils verront avec plaisir triompher
un principe pour lequel ils ont eux-mêmes combattu. (La condam-
nation des candidatures officielles.) Ils manqueraient de sincérité
s'ils en gardaient rancune aux électeurs. D'ailleurs, M. de Ségur
a déclaré hautement, dans toutes les rénnions électorales où il a
été entendu, que, s'il obtenait moins de voix que ses compétiteurs
de l'opposition, il renoncerait à sa candidature en faveur de celui
qui obtiendrait le plus grand nombre de suffrages. Cette décla-
ration est à l'abri de toute équivoque, M. de Ségur est un homme
d'honneur.

Jean. — Comme ça, tu crois que ça ira comme tu dis?

Mathurin. — Non, je ne dis pas que cela se fera ainsi. — Je
dis que c'est ainsi que cela devrait se faire. — Tout les électeurs
le comprendront comme moi. — Agir autrement, ce serait faire
une guerre inutile aux candidatures officielles, si l'on ne profite
pas de la plus rare des occasions qui se présentent, pour en faire
justice ; la moindre hésitation, la division, sont de nature à compromettre le succès. — Le moment est propice, décisif et solennel.

(Arrive le cousin Jean-Baptiste.)

Jean-Baptiste.— Quest-ce que vous en avez donc tous les deux, à chuchoter depuis une demi heure? Vous avez l'air de deux conspirateurs. Est ce que par hasard le coq du clocher se serait envolé?

Jean. — Nous en étions sur les élections.

Jean-Baptiste. — Quoi qu' tu dis ? Parle plus haut, tu sais bien que je suis sourd.

Jean. — N us disions qu'il allait falloir recommencer les élections.

Jean·Baptiste. — Y paraît qu'il y a *maledonne*, mais c'est égal, je crois bien que M. de Beauverger aura encore la prime : il a pour lui le Gouvernement, M. le préfet, les gardes-champêtres ; c'est un gaillard qui a le bras long. Et puis on dit que, si on nommait les autres, ça ferait une révolution, et comme j'ai pas envie de me faire couper la tête ! ! !

Mathurin. — J'te croyais doué de plus de raison que tu n'en as réellement. Je t'ai toujours entendu te récrier contre l'impôt, les gros traitements, l'occupation de Rome, la restriction apportée aux libertés publiques, etc., etc., et voilà que tu vas manifester par ton vote précisément le contraire de ce que tu dis, de ce que tu penses et de ce que tu veux ; quelle en est la raison ?

Jean Baptiste. — Tu n'as donc pas reçu la circulaire de M. le préfet ? Vois-la, et tu verras qu'il nous demande de voter tous pour M. de Beauverger, qu'est un homme capable dans toutes les affaires.

Mathurin. — Mais nom d'une brique ! raisonne donc seulement pour deux sous. Tu sais bien que M. de Beauverger est le candidat officiel. Qui dit officiel dit tout dévoué au gouvernement, autrement y ne serait pas protégé comme il l'est ; c'est pour ça que tu as vu, même pendant les cinq jours qui ont précédé les élections, le candidat officiel, en compagnie de M. le préfet, parcourir toutes les campages, réunir les maires, les pompiers, les gardes champêtres et leur conter son petit boniment, avec accompagnement de médailles, de drapeaux, de promesses, et ainsi de suite. Est ce que tout cela ne ressemble pas à de la pression? La circula re de M. le préfet, envoyée aux électeurs et placardée sur tous les murs, la veille de l'ouverture du scrutin, n'est ce pas un cri *au secours!* jeté par la préfecture aux électeurs ? Ce cri ne s'accorde guère avec la réponse que fit un jour M. le préfet à M. de Choiseul, dans laquelle il lui d t, autant que je puis m'en souvenir, que M. de Beauverger n'avait pas besoin de patronage ; qu'il se recommandait de lui-même. Comme chez le père Futaille (*Au bon vin*) pas besoin d'enseigne. Pourquoi donc alors mettre en campagne toute cette armée de fonctionnaires de tous rangs et de tous grades ?

La révolution, dis-tu, t'effraye. Est ce qu'elle est possible, la révolution? D'ailleurs, par qui et pour qui? Est ce toi, est-ce Jean que voici, est-ce moi qui sommes des hommes de révolution. — Tout cela, vois-tu, sont des fantômes que l'on montre aux ignorants, dans le but de les effrayer et d'escamoter leurs votes, comme on place des mannequins dans les arbres pour écarter les oiseaux à la maturité des fruits. La révolution, elle est accomplie et assise sur des bases désormais indestructibles ; c'est la révolution du progrès en général qui heurte l'ignorance et efface les préjugés, comme le flot de la mer purifie son rivage : voilà la vraie et la sainte révolution. Pour en développer tous les germes, il nous faut l'instruction, trop incomplète et négligée, l'instruction, cette implacab e ennemie du désordre, tous les moyens, en un mot, de vérifier notre intelligence pour la mettre au service de la nation. — Voilà ma révolution à moi ; la trouves-tu exagéré , toi, Jean Baptiste ? Y trouves-tu quelque chose qui soit de nature à arracher un cri d'alarme ? Parle, réponds, Jean-Baptiste.

Jean-Baptiste. — Non, sans doute, tes idées sont les miennes, et M. de Beauverger les partage aussi probablement.

Mathurin. — J'ai pour M. de Beauverger la plus haute estime. C'est un homme du meilleur monde ; on le dit aussi affable que généreux ; il possède toutes les qualités d'un homme d'esprit et de talent ; je suis le premier à le reconnaître. Je ne lui reproche qu'une chose : *c'est d'être le candidat officiel*; et comme il est d'une trop exquise délicatesse pour faire un ingrat, il le serait envers le gouvernement s'il ne mettait tous ses votes au service de la haute protection qui l'entoure.

Jean. — Oui, c'est ce que tu m'as déjà expliqué pour les candidats officiels; et ce que j'ai compris. Il n'est pas défendu de s'instruire, n'est-ce pas, Jean-Baptiste?

Jean-Baptiste. — Non, au contraire, mais ça va faire faire la moue à M. le sous-préfet.

Jean. — Et à notre maire donc, le père Patte-de-Laine!

Jean-Baptiste. — Jusqu'au garde-champêtre qui est dans le cas d'en avaler son sabre.

Mathurin. — N'anticipons pas sur les événements et revenons à nos moutons. Il s'agit, remarquez-le bien, de l'acte le plus solennel qu'un citoyen soit appelé à accomplir dans le cours de sa vie, c'est-à-dire, la manifestation d'une volonté qui prend sa source dans la puissance du suffrage universel. C'est le moment d'exercer notre droit de souveraineté ; c'est à nous de peser la valeur du choix que nous allons faire.

Je résume la situation : Si les électeurs de la 1re circonscription désirent un député qui soit à la disposition du pouvoir personnel, qu'ils choisissent le *candidat officiel*, M. le baron de Beauverger ; si, au contraire, les électeurs veulent un député *indépendant*, un mandataire dont la tâche tende :

A la diminution des impôts,

A la restriction des contingents militaires,

A la réduction des gros traitements des fonctionnaires,

A la suppression du cumul des emplois,

A la propagation de l'instruction primaire,

A l'abandon des candidatures officielles,

A la nomination des maires par le suffrage universel.

A la destruction du gibier malfaisant.

Qu'ils choisissent M. *Horace de Choiseul-Praslin.*

Je suis, monsieur le directeur, complétement de l'avis de Mathurin. — Il faut une entente sérieuse, un ralliement complet, et que chaque électeur fasse le sacrifice de ses préférences personnelles en faveur du principe.

Il faut que les électeurs de Seine-et-Marne qui se sont montrés hostiles à la candidature de **M.** de Beauverger le montrent jusqu'au dernier moment, et que, par l'imposante majorité de leur vote, ils manifestent leurs sympathies pour la cause libérale.

La division assurerait inévitablement le triomphe de la candidature officielle, condamnée déjà à Paris et dans un grand nombre de départements.

Je vous prie d'agréer, monsieur le Directeur, mes civilités empressées.

BOURRAT.

PARIS. — IMPRIMERIE DE DUBUISSON ET Cᵉ, RUE COQ-HÉRON, 5.